童詩的遊戲

林錫嘉 編譯

文史哲詩叢
文史哲出版社印行

國家圖書館出版品預行編目資料

童詩的遊戲 / 林錫嘉編譯 -- 初版 -- 臺北市：文史哲, 民 104.11
頁； 公分（文史哲詩叢；127）
ISBN 978-986-314-283-6（平裝）

815.98　　104025796

文史哲詩叢 127

童詩的遊戲

編譯者：林錫嘉
出版者：文史哲出版社
http:// www.lapen.com.tw
e-mail：lapen@ms74.hinet.net
登記證字號：行政院新聞局版臺業字五三三七號
發行人：彭正雄
發行所：文史哲出版社
印刷者：文史哲出版社
臺北市羅斯福路一段七十二巷四號
郵政劃撥帳號：一六一八〇一七五
電話886-2-23511028・傳真886-2-23965656

實價新臺幣二〇〇元

二〇一五年（民國一〇四）十一月初版

ISBN 978-986-314-283-6　　09127

編譯者序

林錫嘉

兒童是詩的年齡，也是遊戲的年齡。在兒童的想像世界裡，任何東西都被賦予極為可愛的形象。

兒童詩的令人喜愛，主要是那一份天真無邪的童心，稚拙而富同情心，一種美麗的幻想，似乎常自他們的小腦袋一躍而出。

童稚的語言，清新天真可愛，然而跟文學的語言猶存有若干距離。目前，我們的兒童詩分為兩種，一種是兒童創作的兒童詩，另一種是成人為兒童寫的兒童詩，而後者應該可以說比較接近文學。它是詩人們為兒童寫的詩。它的比喻可以啓發兒童的想像力，它表現的情趣可以豐富兒童的精神生活。因此，兒童一接觸到這些可愛的詩篇，常會在不知不覺中受到陶冶。

《童詩的遊戲》的選譯也就是基於這個理由完成的。這些充滿著遊戲趣味的可愛詩篇，希望能提供給兒童們更廣闊的想像，更有趣的表演遊戲。

本書的內容，由兒童詩的欣賞到朗誦，由詩配畫到快樂的表演，都很有趣的誘導兒童步入欣賞兒童詩進而創作兒童詩的境地。而這些個遊戲兼訓練，諸如詩朗誦之於語言訓練，敘事詩之於表演的訓練，詩配畫之於想像的訓練，都能在兒童快樂的遊戲中獲得成果。如果父母和老師們能利用本書，引導兒童來做「童詩的遊戲」，會更有樂趣，收到的效果也會更好。

很少有一種兒童詩集，像這本書如此充滿趣味，尤其插圖筆觸簡鍊幽默，更是令兒童們喜愛不已。

本書作品在《布穀鳥兒童詩學季刊》連載時，普遍受到讀者的喜愛。事隔四十年後，今增訂後再以微量印行，以供兒童詩歌教學研究之用。

就讓兒童們滿足的享受這快樂的詩的遊戲吧！

童詩的遊戲

目次

很容易

這首詩給了我們跳繩的節奏感，當你聆聽這首詩，或自己朗誦詩，你就會想像你是在跳繩一樣。

當你心中有了這種節奏，你將會發現，詩的聲音幫助你跳得更輕快。

跳繩之歌

伊沙貝麥凱

第一組：跳呀跳，跳呀跳！

下下上上，
沒有滑跤。
椒鹽色的呀，
上上下下，

沒有停止——
就是這樣跳，
不是很有趣嗎？
同學們：跳繩不是很容易嗎？
第二組：跳呀跳，跳呀跳！
跳呀跳，
跳呀跳！
輕鬆的握著繩子
來一個彈跳，
閉緊你的嘴巴
腳放輕鬆些，
用腳尖跳，
如果你想跳得好——
抬頭，
不是很棒嗎？

同學們：這跳繩很容易嘛？
第三組：跳呀跳，跳呀跳！
　　穩穩的跳，穩穩的跳！
　　嘿！滑跤啦！
　　不要看你的腳嘛！
　　數一數跳幾下，
　　跳繩會使你
　　敏捷、輕巧——
　　是一百零一下嗎？
　　跳得很好嘛！
同學們：跳繩不是很容易嗎？

用你所領會的詩中的節奏，請你試著跳跳看。

朗誦

在這首詩裡面，如果你是擔任齊頌部份，
請不要太小聲，因為所有的聲音合起來，
大聲才好聽。

魯賓之歌

佚名

女獨誦：上帝保佑原野和保佑田地
　　小溪、小河和野兔的洞穴
女齊誦：小山、石頭、花和樹木，
　　從布里斯妥到威若比；
男獨誦：保佑太陽，保佑雨雪，

保佑小巷和大街，
男齊誦：保佑夜晚，佑佑白天，
從索莫樹遠至
通往中國草原的路；
女獨誦：保佑小魚，
男獨誦：保佑鯨魚，
女齊誦：保佑彩虹和雹，
保佑鳥巢和綠葉，
男齊誦：保佑正義和小丑，
保佑翅膀，保佑魚鰭，
女獨誦：保佑我生活中的空氣，
男齊誦：保佑磨坊，保佑老鼠，
女齊誦：保佑磨坊主人那座磚造的房子，
男齊誦：保佑大地，保佑大海，
男女齊誦：上帝呀！保佑你，保佑我。

選一首詩

注意聽現在正在唸的一首詩。
選一首你比較喜歡的詩，用心去學習。
不斷的練習，直到你能把它朗誦得滾瓜爛熟為止。

四月

艾蘭

啊！四月，
以活潑的笑
把雪白的斗篷拋到腦後
盡情的快樂的丟擲呀！
而後卻哭泣

以小小的任性的陣雨，
因為她無法再擁有
她的斗蓬。

松林中的小河

懷特耐

在原野上
奔流啊，
在那沒有人看見的地方，
在那兒生活和歌唱的
一條小小的寂寞的小河。
生活著，歌唱著，
在陰森的松林之中，
蜿蜒奔流
到晨曦照耀的地方。

我喜歡野生動物

第一位詩人告訴我們，關於她所喜歡的一些野生動物，聽聽詩人的朗誦吧。

野生動物

佛雷明

我喜歡一隻小老鼠，
當牠不在我屋裏的時刻，
我喜歡一隻大老鼠，
當牠輕輕的咬，輕輕的咬，像這樣。
我喜歡一隻鼴鼠：牠是一隻和善的小幽靈。
我喜歡一隻鼬，

有一個斑點，像雪梗在牠的喉嚨上。
我喜歡一隻地鼠
牠的鼻子浸在露珠裏，
我喜歡一隻野兔，
因為牠四野奔跑跳躍；
我喜歡一隻孤狸
牠那小小的白襪
我喜歡小白兔、松鼠和其他棕色的動物，
我全都喜歡牠們，
牠們好有趣，毛茸茸的，好狡猾的，
而又叫人害怕的小動物啊。

你能想到其他有趣的，毛茸茸的，也很狡猾的，而又叫人害怕的小動物嗎？
下面兩首詩告訴我們，關於詩人他們所喜歡的單純的動物。

蝟

艾茲金

蝟是一種小野獸
像一塊死木頭，
在那兒牠卻能飼餵牠的家人
用蝟那種特殊的食物。

牠有一個有趣的小鼻子
有點兒像豬鼻子
牠聞東西當然和我們一樣，
只是牠邊跑邊掘挖。

牠穿著最奇特的刺外衣，
代替了毛髮或皮毛
只要捲曲身子

刺就豎起像把鋸子。
牠不需要和敵人打戰
或逃跑，
牠的外衣會替牠做所有的工作
它刺在牠們的鼻子上。

袋鼠

波雷特

袋鼠媽媽要去
買孩子的晚餐，
牠又不能離開牠的嬰兒
因為牠不睡覺，
牠不能坐下來搖牠，
於是牠把嬰兒放在袋子裏
出門去市場

蹦跳，

蹦跳，

蹦跳。

現在，想一想你喜歡的野獸，
告訴我們，為什麼你喜歡牠。

動作的詩

每一個人都會讀故事，而不管那一種故事，
都必須以美好的節奏朗誦出來。
這兒有一個表，是我們所需要的演員：

農夫
灰驢子
農夫的女兒
大烏鴉

一個農夫去散步

佚名

朗誦者：一個農夫去散步
　　　騎在他的灰驢子背上
齊　誦：撞到東，撞到西，笨重的撞！
朗誦者：後面跟著他的女兒，
　　　玫瑰般的臉好漂亮，
齊　誦：難走地，難走地，吃力地走！
朗誦者：一隻大烏鴉叫著，
大烏鴉：嘎——嘎！
朗誦者：他們全跌倒了呀，
齊　誦：撞到東，撞到西，笨重的撞！
朗誦者：灰驢子弄傷了腕骨
　　　農夫跌下來了，
齊　誦：難走地，難走地，吃力地走！

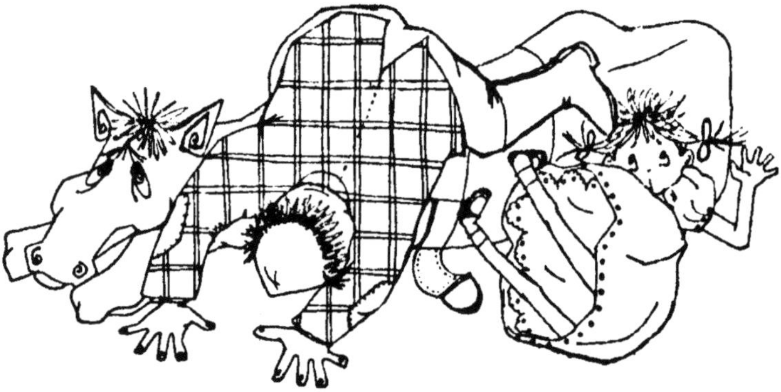

朗誦者：頑皮的大烏鴉
　　大笑的飛走了，
齊　誦：撞到東，撞到西，笨重的撞！
朗誦者：他發誓，明天
　　還要同樣的騎牠去散步
齊　誦：難走地，難走地，吃力地走！

選一首詩

聆聽這三首詩
選一首你最喜歡的
研究它，而且盡你所能的朗誦。

肥皂泡

佚名

沾滿吸管！
輕輕地吹——
現在你可看到
氣泡漸漸大起來了！
先是堅強的

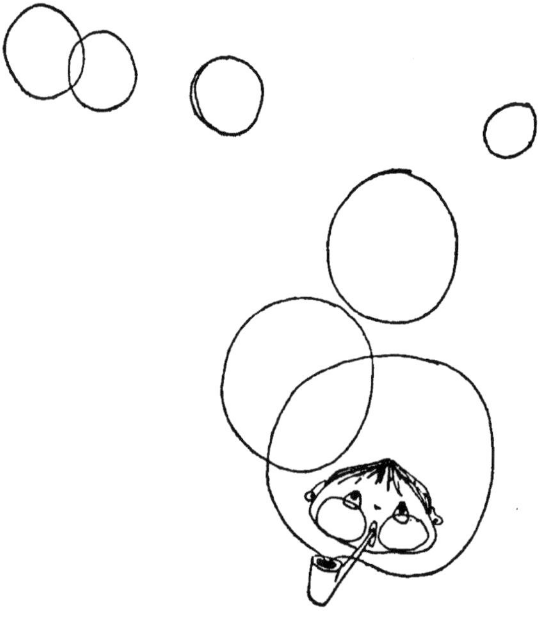

隨後就破裂了
而後他們去了
無影無蹤——啊！

夜空

佚名

整個大白天
太陽明亮的照耀
月亮和星星
晚上才出現
自黃昏時候
他們排列在天空

楊柳

佚名

甜甜的，低低的南風吹送，
吹過棕色的田野噝噝作響，

「來吧輕柔的！輕柔的楊柳！
在你近似棕色的捲葉擺動中，
顯出你銀色的軟毛
來吧輕柔的！輕柔的楊柳！」

買與烤

是該到市場買點食物的時候了，現在聽聽詩的朗誦。然後在你們表演故事中的動作之前，大家一塊兒談這件事。

買東西

雷蘭

有一個年輕婦人走進一家商店，
嘻嘻，哈哈，嘻嘻，哈。
她裝滿菜籃，雞蛋放在籃上端
踢踢，踏踏，踢踢，踏。
她剛要走時雞蛋全掉下了，
淅哩，嘩啦，淅哩，嘩。

麵粉和燻肉笨重的摔下，
噗噗，啪啪，噗噗，啪。
一個奶瓶突然爆開了，
劈哩，啪啦，劈哩，啪。
店員忙用拖把掃乾淨，
這就是整個的故事；因此我們可在這兒打住。

現在我們又回到家，準備烤麵包。

滾動的擀子

吉克斯

滾呀，擀呀，滾動的擀子呀，
把粉撒在木板上，然後開始，
擀圓麵包皮呀，擀得薄，
滾呀，擀呀，滾動的擀子呀！

滾呀，擀呀，滾動的擀子呀！
蘋果餡餅皮在盤中
皮的邊兒有許多凹凸浪，
滾呀，擀呀，滾動的擀子呀！

我們的麵包在爐中烤
剛好有時間來做一個薄烤餅

薄烤餅

羅賽蒂

拌一個薄烤餅，
攪一個薄烤餅，
放在盤中；
飛起薄烤餅呀，
拋個薄烤餅
是否你能接住它。

由一首詩畫一幅畫

聆聽這首詩，然後再看看圖畫

黑道士

法珍

七個黑道士
背靠背坐著
在一座橋上釣魚
想釣條梭子魚或雄鮭。
第一位釣到了一支胳肢，
第二位釣到了一隻螃蟹，
第三位釣到了一隻玉忝螺，

第四位釣到了一條孫鰈魚，
第五位釣到了一隻蝌蚪，
第六位釣到了一條鰻魚，
而第七位
釣到了一個古老的馬車輪。

藝術家用詩中的觀念來畫她的畫。
現在你可以學著那樣做
這兒另外有兩首詩，可以畫成很好的畫。
朗誦時注意聽，然後選一首你比較喜歡的詩來畫

雛菊與青草

佚名

雛菊那樣明亮，
青草那樣翠綠，
告訴我，我請求

你怎樣保持如許潔淨？

夏日的驟雨，
夏日的雨啊，
洒洗沾著灰塵的花兒，
把花兒重又洗淨。

拿氣球的人

懷門

他總是在上市場的日子
拿著許多氣球——可愛的一束——
他停在市場的廣場，
好像沒有想到午飯。

它們有紅色、紫色、藍色和綠色，
艷陽照耀的日子，

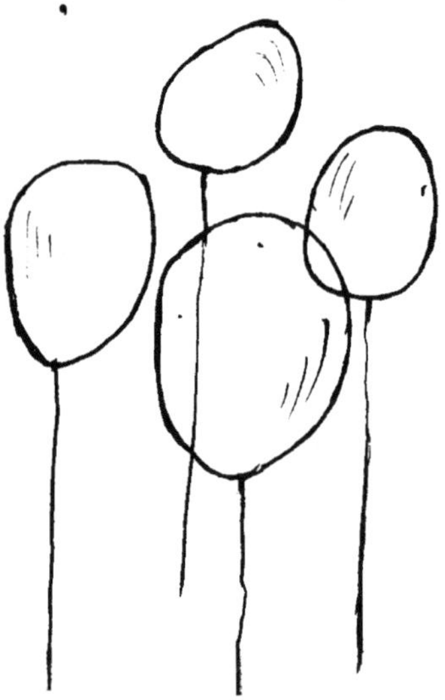

縱使馬車和人們穿梭其間，
你可看到他們在遠遠的地方閃爍。

有大的，也有小的，
全用線綁在一起，
如果有風兒
它們就像其他東西一樣搖晃啊搖晃。

也許有一天他會放它們飛去
我們也可看到它們漂昇得那麼高
駐足，凝望它們，從低處
在空中，它們真是好看啊！

耶誕節

全是紅色

馬芾斯

山達紅色的毛皮大衣
以及他深紅色的頭巾
紅色的草莓
在樹林中閃光
最美麗的小鳥的
紅色胸脯
最燦爛的耶誕節
紅色的大字

耶誕夜爐中燃燒木柴的紅色光暈
以及艷紅的小拖鞋
山達昨夜留下的
紅色的紙燈籠
由牆上垂下來
許多的耶誕節的色彩
紅色是最美的。

當我們贈送一個耶誕禮物，那就是一種給出我們美好願望的方法。在這首詩裏，詩人給出了美好的願望給整個世界。

耶誕的願望

懷門

給每一顆心一把小小的火，
給每一個飯桌一桌小小的筵席，
給每一顆心一個快樂，

給每一個小孩一個玩具，
　庇護所給鳥和野獸。

下面這首詩告訴我們耶誕節真正的原由，
我們可以一塊兒朗誦而得到很好的效果。

女聲合唱
男聲合唱
女聲獨唱

耶誕鈴聲

菲爾特

女聲合唱：為什麼金鈴為耶誕而響？
男聲合唱：為什麼小孩子歌唱？
　曾經有一顆可愛的閃耀星星，
　在很遠的地方被牧羊人看到，

輕輕移動直到祂的光
使一個馬槽搖籃發亮。
女聲合唱：有一個可愛的嬰兒睡在那兒，
頭輕輕枕在乾草上，
她的母親唱著歌微笑著，
女聲獨唱：「這是耶穌，聖潔的孩子。」
男聲合唱：因此金鈴為耶誕而響
全部合唱：因此小孩子歌唱。

說話音樂

女聲合唱
男聲合唱
男聲獨唱

父親的船

都齊

女聲合唱：海上有一條船，
全體合唱：今夜要開航，
　　　　　今夜要開航！
男聲獨唱：是父親要出海去，
男聲合唱：月光皎潔，

女聲合唱：
光輝照耀！
男聲獨唱：可愛的月亮啊，他將航行，
好幾個晚上，
為母親和我去航海，
女聲合唱：噢！跟隨著船
用妳銀色的光輝，
全體合唱：當父親航行在海上。

蒸汽機

啾，啾，啾，啾，蒸汽機說，
嘶嘶復噓噓呀，詩人說。

聆聽這首詩，然後想一想蒸汽機所
發出的聲音，那節奏不是一樣的嗎？

蒸汽機的聲音

丅尼森

（緩慢地）
蒸汽機嘶嘶噓噓慢慢的拖拉著
笨重的火車上山了，

她喘氣時噗出這些聲音
具有決心的工作：

（非常緩慢地）
「我想—我能—我想—我能，
我非—爬到—山頂不可，
我確信—我能—我一定能—到達那兒，
只要—我—不停的努力！」

（加快）
終於爬到山巔，又踏過它
而後——如何改變歌唱，
車輪完全加入了蒸汽的喜悅，
當她急速飛馳前進的時候！

（急速）

「我知道我能做到，我知道我能達到山頂，

噢，搖晃，喧嘩的飛跑！

因為現在正轟隆轟隆的急駛

在我那光滑的鐵軌上！

現在大家試著一塊兒朗誦這首詩，每一個人都要以同樣的節奏朗誦。如果你能做得很好的話，你也許就能開始用你的兩隻手臂學蒸汽機的活塞擺動。

你自己的詩

傾聽這詩的朗誦

十個快樂的男生

伯吉斯

十個快樂的學生到外面去吃飯；
有一個哽住了，於是只剩下
九個。

九個快樂的學生玩得很晚；
有一個睡過頭了，於是只剩下
八個。

八個快樂的學生到帝翁去旅行；
有一個說他要留在那兒，於是只剩下
七個。
七個快樂的學生在砍樹枝；
有一個把自己砍成兩半，於是只剩下
六個。
六個快樂的學生在玩蜂巢；
一隻大黃蜂刺傷了一個，於是只剩下
五個。
五個快樂的學生在地板上跳躍；
有一個掉進洞裏，於是只剩下

四個。

四個快樂的學生出海去；
饑餓的鯊魚吞噬了一個，於是只剩下
三個。

三個快樂的學生在動物園裏散步
一隻大熊緊緊的抱住一個，於是只剩下
二個。

二個快樂的學生坐在太陽下；
有一個鬈縮倒地，於是只剩下
一個。

一個憂傷的學生孤獨的活著

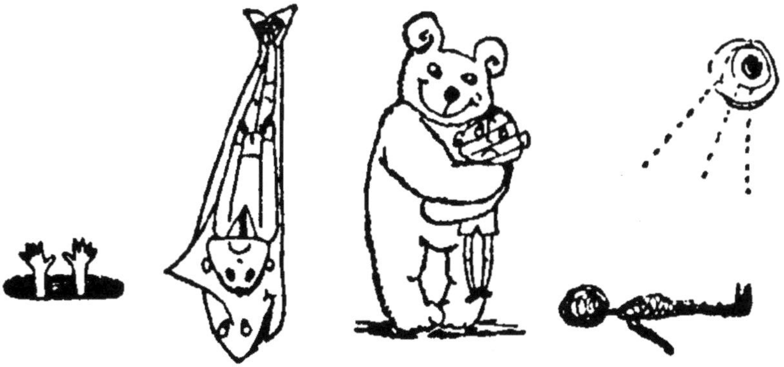

他回家去了，於是一個人也沒有了。

你能不能在下一頁寫一首關於「十個快樂的女生」的詩？
你必須去思考遺漏的字，
不要再使用任何男生用過的情況。

十個快樂的女生

伯吉斯

十個快樂的女生下到礦坑去；
……………………
於是只剩下九個。

九信快樂的女生在一個門上盪鞦韆；
……………………
於是只剩下八個。

八個快樂的女生試著要走向天上

⋯⋯⋯⋯⋯⋯

於是只剩下七個。

七個快樂的女生正在玩磚頭

⋯⋯⋯⋯⋯⋯

於是只剩下六個。

六個快樂的女生學習如何潛水

⋯⋯⋯⋯⋯⋯

於是只剩下五個。

五個快樂的女生在一家店裡買東西；

⋯⋯⋯⋯⋯⋯

於是只剩下四個。

四個快樂的女生在沏他們自個兒的茶；
……………
於是只剩下三個。
三個快樂的女生坐在霧中；
……………
於是只剩下二個。
二個快樂的女生發現一支裝了子彈的槍，
……………
於是只剩下一個。
一個憂傷的女生孤獨的生活著；
……………
於是一個人也沒有了。

進一步的動作

整個班的同學都能在第一首詩中做動作，
努力的工作，但工作以後不要忘記把濕的衣服掛起來。

洗滌歌

高淂

唱一支洗滌歌，
水這麼燙，
杯子，碟子，盤子和湯匙，
盤子這麼多喲！
用刷布洗啊，刷呀刷，
把它們洗刷得乾乾又淨淨，

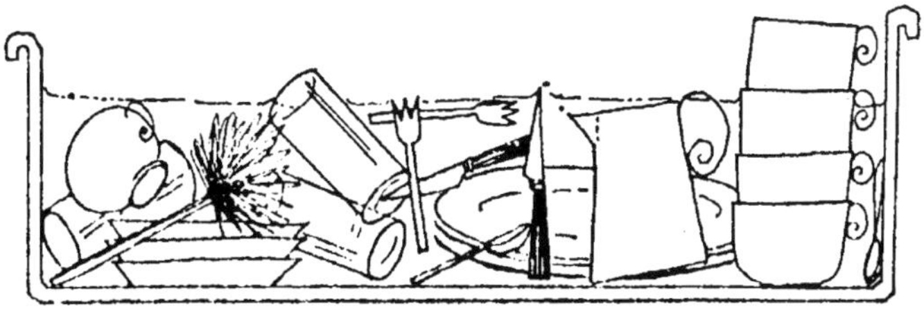

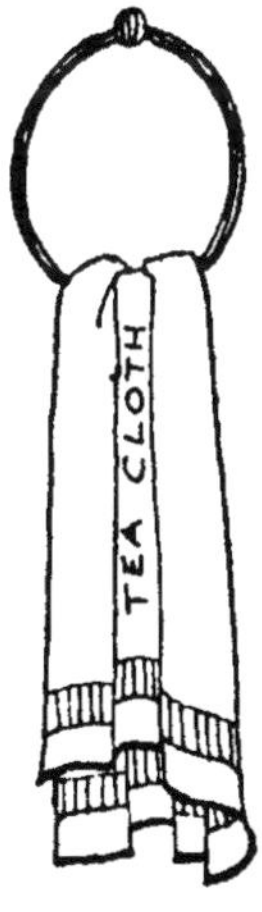

用塊乾淨的白布擦擦亮，
　我們多麼忙碌喲！

第二首詩像一齣短劇，我們需要這些演員：
老羅菲
蘋果樹
風
老婦人
演員表演故事，但是他們不必說話，這故事由別人在旁邊述說，其餘的人齊聲朗誦。

老羅菲

佚名

老羅菲已經死了，去到他的墳墓，
哼，嗨！去到他的墳墓。
他們種了一棵蘋果樹在他的墳頭上，

哼，嗨！在他的墳頭上。
蘋果成熟快掉落了，
哼，嗨！快掉落了。
來了一陣強風，把它們全吹落，
哼，嗨！把它們全吹落，
來了一個老婦人，把它們撿起來呀，
哼，嗨！把它們撿起來。
老羅韮站起來給她一陣敲打
害得老婦人嚇了一跳，
哼，嗨！嚇了一跳。

醒與睡

第一首詩用一種急促，噪亂的節奏把我們叫醒

叮——噹

佚名

叮——噹！叮——噹！
所有的鈴鐺響亮，
叮——噹！叮——噹！
這是個假日。

叮——噹！叮——噹！
所有的鳥兒歌唱

叮─噹！叮─噹！
讓我們出去遊玩。

第二首詩用其緩慢的，撫慰的節奏，使我想睡覺，這叫催眠曲。

黃昏

佚名

呼噓，呼噓，小嬰兒呀，
夕陽已經沉到西邊；
小羊已在河邊草地
躺下來憩息。

現在樹枝搖著小鳥，
花兒搖著蜜蜂，
波濤搖著百合，

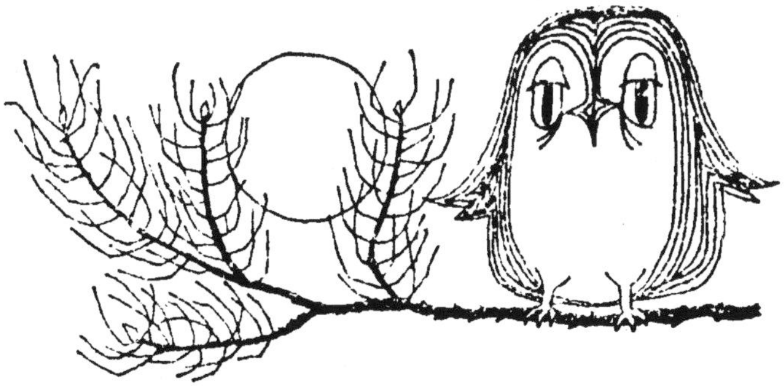

風搖著樹；
我搖著嬰兒
輕柔的搖她睡覺——
不要醒來啊
直到雛菊的蓓蕾窺探。

一個故事

國王的早餐

麥尼

國王問
皇后，而
皇后問
酪農場的女工說：
「我們可以要一點奶油給
國王夾麵包嗎？」
皇后問
酪農場的女工
酪農場的女工

說：「當然可以，
我去告訴
乳牛
現在
在牠睡覺之前。」
酪農場的女工
她鞠躬行禮
出去告訴
乳牛：
「不要忘了奶油給國王夾麵包。」
乳牛
好想睡覺她回答：
「妳最好告訴
國王陛下
現在很多人民

都喜歡用橘子果醬
代替。」
酪農場女工
說：「真想不到呀！」
於是跑到
皇后陛下那兒
她向皇后鞠躬行禮
臉有點紅：
「原諒我，
陛下
因為我
不禮貌，
但是橘子果醬很好吃呢，如果
把它
厚厚的

塗上去。」
皇后說：
「噢——！」
然後去找
國王：
「談到奶油給
國王夾麵包的事，
很多人民
均認為
橘子果醬
比較好
你要不要試一點
橘子果醬
代替奶油？」
國王說：

「煩人哪！」
而後他又說：
「噢，我的天呀！」
國王啜泣著：「噢，我的天！」
於是回房去睡覺，
「沒有人。」
他抽噎著，
「可以叫我
是一個愛挑剔的人；
我只是要
一點點
奶油夾麵包！」
皇后說：
「好啦！好啦！」
然後去找

酪農場的女工
酪農場的女工
說：「好啦，好啦！」
然很跑到牛棚。
乳牛說：
「好啦，好啦」
我真的
不是這個意思；
「這兒有一碗牛奶
和奶油給他夾麵包。」
皇后拿著
奶油
帶去給
國王陛下；
國王說：

「奶油，嘿？」
於是從床上跳起來
「沒有人，」他說
當他親吻她
很溫柔地，
「沒有人，」他說，
當他滑下
樓梯的扶欄，
「沒有人，
我親愛的，
可以叫我
是一個愛挑剔的人——
但是
我喜歡一點點奶油夾麵包嘛！

選一首詩

細細的聽正在朗誦的二首詩。
選一首你聽起來最感動的，盡你所能的學他唸。

冬天

海涵

一個白色的世界，
一個耀眼的世界，
一個酷冷赤裸的世界，
那兒所有的樹，
無葉的樹，
披著羽毛的樹枝站在那兒。

草的葉片
沾滿露珠的花
依戀著堅硬的大地。
一個冰冷的世界啊，
一個蕭瑟的世界啊，
在此是一片雪白。

春天

懷門

在一座小小的山上我發現了春天
掉落到一個池塘裡；
我伸手到杯中
舀起蘇打水
味道鮮美又清涼。
我找到一隻嚴肅的小青蛙

在岩石的旁邊；
牠大膽的瞟我一眼，
我相信牠一定想
這地方當然是屬於牠的。

像這樣做

第一首詩，一個男孩扮演農夫，其餘的同學扮演成長中的植物。

成長的旋律

懷特勞伯

以前有一位農夫種了一些小小的褐色種子
劈地啪噠，劈地啪噠，劈地啪噠，啪。
他時常給他們灌水和除雜草，
用力拔這邊的草，又用力拔那邊的草。
小種子在陽光下長高了，又長綠了，
這兒也萌芽，那兒也萌芽，
一棵美麗的植物就是每一粒種子長成，
他們驚喜的把頭探在空中搖晃

大家在下一首詩朗誦的時候就做這動作。

就像這樣

奧内

樹前後搖擺，
就像這樣；就像這樣；
樹枝上上下下的搖動，
就像這樣，就像這樣。

海起伏的盪漾，
就像這樣；就像這樣；
沙灘上躺著褐色的海草，
就像這樣，就像這樣。

鳥兒永遠在飛翔，
就像這樣；就像這樣；

蜜蜂嗡嗡的在石南叢中，
就像這樣，就像這樣。

蚊子飛過空中，
就像這樣；就像這樣；
蜻蜓到處飛掠，
就像這樣，就像這樣。

松鼠在樹上遊戲，
就像這樣；就像這樣；
小白兔在草地上奔跑
就像這樣，就像這樣。

野馬在奔馳，騰躍，
就像這樣；就像這樣；

小孩子們嬉戲和跳舞，
就像這樣，就像這樣。

復活節

復活節的一個雞蛋

伯塞

我要一個雞蛋過復活節，
一個褐色的雞蛋過復活節；
我要一個雞蛋好過復活節；
所以我要告訴那隻棕色的母雞。
我要餵牠玉米和清水，
告訴牠，我是怎樣帶牠來的，
牠會給我下蛋過復活節的，
在牠小小的雞欄裡。

女聲獨誦
男聲獨誦
女聲合誦
男聲合誦

一隻復活節的小雞

瓦克雷

女聲獨誦：「多可愛的世界啊，」
男聲合誦：　　　　雛雞說
女聲獨誦：「我曾走出我的蛋殼去瞻望呀！」
男聲獨誦：「多可愛的小雞啊！」
女聲合誦：　　　　快樂的世界說
男聲獨誦：「春天帶來給我的，」
女聲合誦：　　　　孩子們說，
全部合誦：「上帝把牠帶來給我們的，」
女聲合誦：　　　　我們快樂的餵牠。

說話的噪音

這世界充滿了噪音，聽聽詩的朗誦你也會聽到一些噪音。

我的世界

浪金

青溪潺潺，
小河奔流，
鳥兒歌唱，
白鴉哇哇。

鵲鳥喋喋，
鷦鷯鳴囀，

野鴨嘎嘎，
母雞咯咯。

駿馬嘶叫，
牛兒哞哞，
豬在悲鳴，
牝豬嗤嗤。

狗兒吠叫
貓兒咪咪，
在鼷鼠與老鼠背後
偷偷地跟著。

這是怎樣的一種聲音
這是怎樣的一種噪音

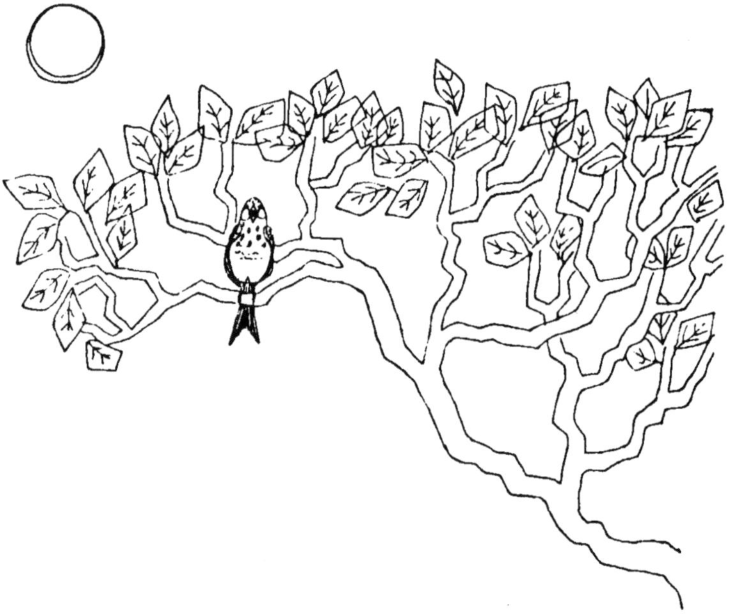

在我居住的世界

有些字的聲音像野獸的聲音，
你知道那些字嗎？仔細聽聽，
這一次跟著朗誦，唸唸那些可模仿動物聲音的字。
試試想想其他的字，聲音像野獸的叫聲的。

希望我是

你喜歡自己像什麼？這兒有一些答案，你可以描述一番。

希　望

勞吉斯

我希望我是一個皇帝，
有我自己的臣民，
登上光彩的，
金鑾寶座。

我希望我是一個賣鬆餅的人，
搖著賣鬆餅的銅鈴，

每天為喝茶，我曾
有一些沒有賣掉。

我希望我是一個海盜王，
航行於狂風暴雨中的大海，
繫帶，大耳環和大刀，
盡所能的做得好。

我希望我是一位鐵路的警衛，
拿著鮮明的綠色旗幟揮動，
注視著人們駕著火車
好靠近的擦身掠過。

我希望我是一位打鼓的男孩，
打擊在鼓上，

聽到群眾嘶喊：
「看啊，這兒軍隊來了！」

我希望我是阿拉丁，或者
我會一些魔術
使我的願望都實現
不只是玩玩而已。

試著想想為這兩節詩填上最好的最後一句。

我希望我是一個芭蕾舞明星
舞姿是這樣的令人感動，
我旋轉，跳躍，擺動和飛舞
……………

我希望我是一個太空人

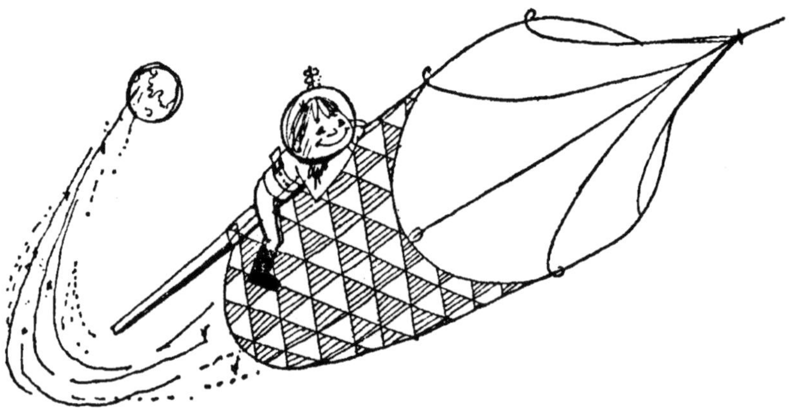

遠離著人類的世界；
我要攀登金星，月亮和火星，
……

食物遊戲

下面一首詩告訴我們關於一些奇妙的品嚐。

你從不知道

懷門

有些人也許像芥末
和牛奶蛋糕完全一樣；
有些人溺於墨水中
就像夏日的飲料；
有些人這樣想
鞋子在焦急中是很美的；

有些人也許這樣想
咀嚼一片木頭是很好的，
我都不是這些人其中的一個。
請擠過這些擁塞的人群吧。

當你聽到下面這首詩的時候，
想想一些其他取豌豆的方法。

豌豆和蜂蜜

佚名

我吃豌豆常和蜂蜜一塊兒吃，
我一直都是這樣吃法；
這樣吃來豌豆的味道特別好，
只是它會黏在刀子上。

夏天

這首詩告訴我們有關一些動物，如果你住到一家農場去，你就會看到的。

農場

艾特瓦德

一隻黑色的馬站在大門旁，
二隻忠實的貓在盤子吃東西；
三隻大出羊踢著牠們的後腳，
四隻粉紅色的豬咕嚕咕嚕的哀叫；
五隻白色的牛漫步回家，
六隻小雞站起來走來走去；
七隻飛鴿棲息在屋頂上，
八隻灰鵝渴望著飼養；
九個天真的小孩快樂的嬉戲，
十隻棕色的蜜蜂在陽光中嗡嗡飛翔。

由一首詩畫一幅畫

聆聽一首詩，然後看看圖畫

巢

艾茲奧斯

一隻小鳥停棲在一枝樹枝上。
牠唱著歌：「現在我好快樂：
冷冷的，冷風已上床；
太陽在頭頂上照耀，
照在一個小巢上，
照在一隻褐胸毛的小鳥上。」
「你的巢在那兒呀？」

「嘿！沒有人知道，
除了兩隻小鳥
和一棵茶蘼。」

當你聽到下面二首詩的時候，挑一首你喜歡的畫一幅畫。

龍

馬林尼士

你認為奇怪嗎？昨晚我看到
一條發光的龍經過！
牠從頭到尾巴都發著光，
好像牠的身上是玻璃似的。

但是當我媽媽來
向玻璃窗外探看時，
她笑著說：「你這天真的孩子——

那是一列電火車啊！」

鏡中

懷門

在鏡中
在壁上，
有一張臉
我常常看到；
圓圓的，紅潤的，
那麼小小的，
再回頭
看我。

很不禮貌的
凝視，
但是她從沒

想到這件事，
因為她的眼睛
老是在那兒；
她注視的
會是什麼？

水，水

這兒有一首詩，讓你來做動作。
首先，聽聽這首詩；然後第二次再聽時，就照著做。

雷雨

佚名

我聽到打雷。
我聽到打雷。
聽啊！你沒聽到嗎？
聽啊！你沒聽到嗎？
劈劈啪啪，下雨了，
劈劈啪啪，下雨了，

我全身濕透，
　你也是。

在海上弄得濕濕的，是非常有趣的。
當你聽到這首有關描寫海浪的詩時，
這是你可以要求去做的時候了。

大海浪

法珍

大浪與小浪，
青色的海浪和藍色的，
海浪，你能飛躍，
海浪，你潛過，
海浪，澎湃而起
像一座巨大的水牆，
海浪如此柔軟

而卻不能被打破，
海浪，能細語，
海浪，會狂嘯，
小小的海浪衝擊你，
不斷的撲拍海岸。

口技

這兒有一首詩，詩中的字是用來模仿樂器的聲音。
當你朗讀詩的時候，要做出樂器的聲音來，越清楚越好。

老國王

佚名

老國王是一個快樂的老人，
快樂的老人就是他；
他叫來他的煙斗，叫來他的酒，
也叫來他的三位小提琴手。
每一位小提琴手都有一把好提琴，
而每一把好提琴都有他。

推，推得兒笛，推得兒─笛，
小提琴手們來了。
噢，簡直沒有人能如此有趣的
跟國王和三位小提琴手相比！

老國王是一個快樂的老人，
快樂的老人就是他；
他叫來他的煙斗，叫來他的酒，
也叫來他的三位豎琴手
每一位豎琴手都有一把好豎琴，
而每一把好豎琴都有他。
噹，噹─啊─噹，噹─啊─噹，
豎琴手們來了。

推，推得兒—笛，推得兒—笛。
小提琴手們來了。
噢，簡直沒有人能如此有趣的
跟國王和三個豎琴手相比！

老國王是一個快樂的老人，
快樂的老人就是他；
他叫來他的煙斗，叫來他的酒，
也叫來他的三位笛子手。
每一位笛子手都有一支好笛子，
而每一支好笛子都有他。

於是，嘟得兒，嘟得兒—嘟，嘟得兒—嘟，
笛子手們來了。
噹，噹—啊—噹，噹—啊—噹，

豎琴手們來了。
推，推得兒—笛，推得兒—笛
小提琴手們來了。
噢，簡直沒有人能如此有趣的
跟國王和他的三位笛子手相比！

老國王是一個快樂的老人，
快樂的老人就是他；
他叫來他的煙斗，叫來他的酒，
也叫來他的三位鼓手。

每一位鼓手都有一個好鼓
而每一個好鼓都有他

於是，嘮伯—啊—答伯，嘮伯—啊—答伯，

鼓手們來了，
嘟得兒，嘟得兒—嘟，嘟得兒—嘟，
笛子手們也來了。
噹，噹—啊—噹，噹—啊—噹，
豎琴手們也來了。

推，推得兒—笛，推得兒—笛，
小提琴手也來了。
噢，簡直沒有人能如此有趣的
跟國王和他的三個鼓手相比！

試著想一想其他的樂器，並且創造一些可以模仿樂器聲音的字。

詩中有畫

先聽聽第一首詩的朗誦，然後再看看圖畫。

格利姆

瓦特得利馬

巨人格利姆
坐在猛烈的火焰旁
烤著一隻厚毛的山羊，
在一根鐵桿上。

他頭上旋轉著冬日的天空，
腳下數丈深處，

躺在山谷雲霧中的
山村熟睡了——
除了一隻亂跑的
　肚子餓了的狗，
嗅著往山上去了，
聞聞格利姆晚餐的羊肉，
他的篝火閃著光亮。

下面二首詩，請你任選一首，
替它配上圖畫。

晒衣繩

度高

他們手拉手排成一排在跳舞，
從這兒跳到那兒，從前面跳到後面；
迴個轉啊！迴個轉！又跳開去——

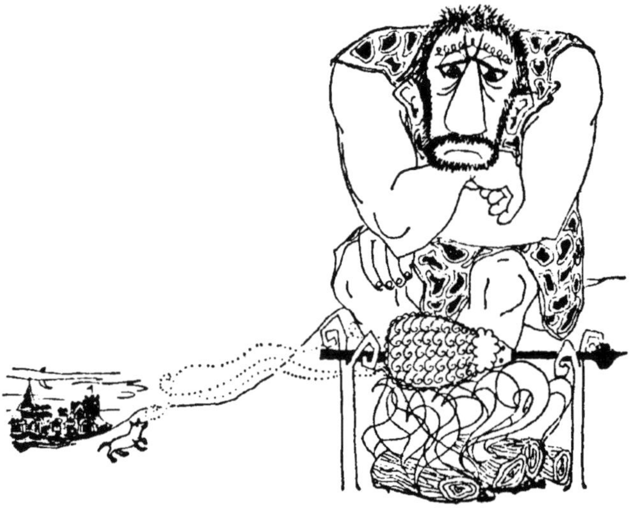

飄動的那些東西潔白如雪。

像蠻頑的野馬騰躍；
像神話中巫婆的狂舞；
向前拉成個圈，讓後面空空一片，
他們與高采烈的舞在
三月的和風裡。

我看到一個興奮的舞著，
狂亂的掙扎，直到獲得自由，
終於，她脫離了掛鉤和繩子，
像小鳥一樣的飄飛而去，
　沒有人找得到她。

我看到她閃著光，像陽光中的帆，

旋盪著，旋盪的嬉戲著。
沒有人知道她飄到那裡去，
躲在水溝中，或沈到大海裡。
她已不再是我的手帕了，
她也永遠不會再回到我的口袋裡了，
我知道

堆乾草遊戲

豪雀

在乾草堆裡，在乾草堆裡，
我們爬上去又滾下來；
沒有人不讓我們玩，
整個夏日
沒有一點兒牢騷。
在乾草堆裡，在乾草堆裡，

阿惹，我們躲起來；
抱些乾草來！把它們堆高！
堆高起來—嘿，再見啦，
笨傢伙！

在乾草堆裡，在乾草堆裡，
舒適的斜靠
蔽著正午的炎熱
聞一聞苜蓿草香
看我們吃飯了。

堆乾草的人
坐在柳樹下休息，
他們在膝頭上
放著麵包與乳酪，

乾草當枕頭。

馬車來了，
他們很快的裝載
耙攏來呀，耙攏來呀！
裝載好了，就做些乾草雨
這我們早知道的。

當落日餘暉
告訴我們白天已過，
我們就踏上回家的路上，
而在鋪著乾草的馬車裡，
散放著苜蓿的芳香。

龍的故事

納西

貝琳達住在一間小小的白屋裡，
和一隻小黑貓，一隻小灰鼠，
一隻小黃狗，一輛小小的紅馬車，
以及一隻維肖維妙的小玩具龍。

小黑貓的名字叫印格，
小灰鼠呢，她叫牠布林克，
小黃狗很精明，就叫馬斯塔，
但龍是個膽小鬼，
　她就叫牠卡斯塔。
卡斯塔有巨大的利齒，

頭上有長角，身上有鱗，
嘴像火口，鼻子像煙囪，
而腳趾是短劍。
馬琳達好勇敢，
印格和布林克追逐著獅子下樓來，
馬斯塔也好勇敢，像憤怒的老虎，
但卡斯塔卻為一個舒服安全的籠子而歡呼。

貝琳達胳肢牠，她好用力的胳肢牠，
印格、布林克和馬斯塔，
牠們也大聲的叫牠——跛西佛，
牠們通通坐在小小的紅馬車上大笑，
取笑膽小的龍。
馬達琳笑得房子都搖動了，
布林克說，膽小鬼！

連一隻老鼠都取笑牠，
印格和馬斯塔粗魯地問牠的年齡，
卡斯塔依然為
一個舒服安全的籠子而歡呼。

突然，牠們聽到一陣劇烈的聲音，
接著是馬斯塔狂吠起來，
然後牠們向四周察看。
喵！喵！印格叫著，天啊！
貝琳達也驚叫起來，
因為有一個海盜爬進窗來。
左手拿著槍，右手拿著槍，
口裡還含著一把光亮的小刀，
他的鬍鬚是黑色的，
一隻腳是木頭的；

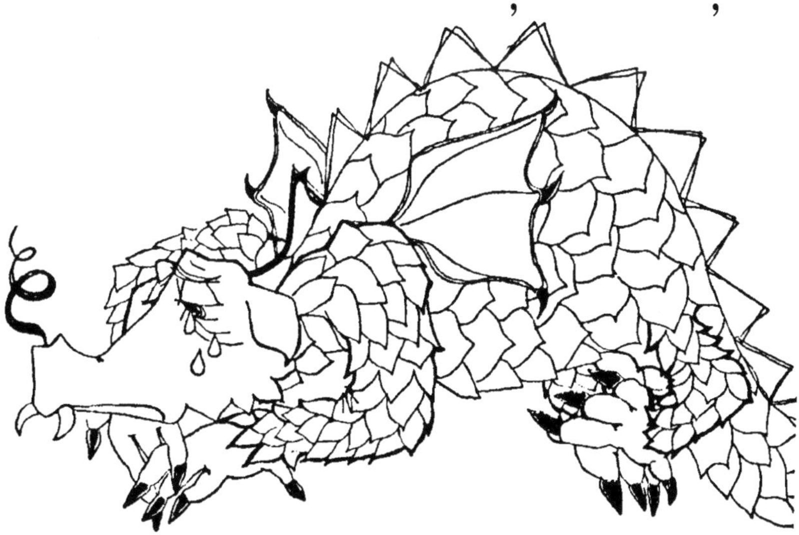

很明顯，這個海盜是來意不善。

貝琳達臉色蒼白的叫著：「救命！救命！」
而馬斯塔卻被嚇得亂叫，
印格偷偷的溜到房子底下，
小老鼠布林克從容地溜到老鼠洞去了。

只有卡斯塔跳起來，鼻子像引擎噴著氣，
尾巴甩撞聲像牢獄裡鐐銬聲，
咯啦咯啦叮噹叮噹的響著，
牠攻擊那海盜就如知更鳥啄蟲一樣。

海盜驚困的凝視著貝琳達的巨龍，
然後從口袋裡拿出瓶子喝了一口酒，
他射擊了二發子彈，但是並沒有打中，

卡斯塔一個一個把它吞下。
貝琳達擁抱著牠，馬斯塔舐牠，
但是沒有人哀悼死了的海盜。
印格和布林克高興的
圍著巨龍跳舞。

貝琳達依然住在她的小白屋，
印格和布林克追逐著獅子下樓來，
馬斯塔也好勇敢，像憤怒的老虎，
但卡斯塔仍然為一個舒服安全的籠子而歡呼。

快樂的朗誦

這首快樂的詩，必須以愉快的聲音來朗誦。朗誦得越好，你就越能體會詩中的快樂氣氛。

男聲合誦：男誦　女聲合誦：女誦

去菜市場

約翰森

女誦：鳥在歌唱，
男誦：鈴鐺叮噹響，
女誦：音樂響亮天空，
合誦：　嘿——荷！
男誦：當我們同唱

女誦：在這金風送爽的天氣，
　　　我們快樂的去市場，
合誦：　嘿——荷！
男誦：我們沒有錢啊，
女誦：也沒有美麗的絲緞，
男誦：我們穿的衣服也不好呀，
合誦：　嘿——荷！
男誦：但是那沒什麼要緊啊，
女誦：不管穿絲綢或穿粗布衣，
　　　我們都快快樂樂去市場，
合誦：　嘿——荷！

合誦：來啊，小朋友，
　　　時間不停留喲；
　　放棄你高貴的樣子，嘿——荷！

男誦：當我們同唱
女誦：在這金風送爽的天氣
合誦：我們快樂的去市場啊，嘿——荷！

左右左……

軍隊在行軍時，都喜歡唱節奏明快的進行曲。這裡有一首詩，有著雄壯的進行曲節奏，很適合喜歡扮軍人遊戲的小孩。

當你聽到這首詩的時候，想想前進的腳步。

然後大家共同來談論這首詩。

進行曲

史蒂文森

帶把梳子，吹起來！
前進啦，我們來了！
威利戴著他的山形帽，
強尼打著鼓。

瑪莉・琴指揮著這個隊伍，
彼得墊後；
每一個士兵
快步走啊，機警又強健。
個個都是勇士的模樣
急行軍啊
餐布像一面軍旗
在木棍上飄動！

獲得了足夠的讚賞與物品
偉大的指揮者，琴！
繞過村落之後
我們就回家去了。

狗的故事

這是二首有關狗的詩，一首較短，一首較長。

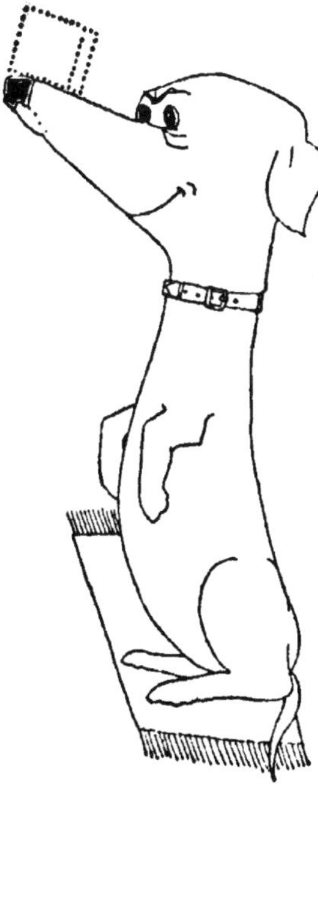

唐姆的小狗

瓦特得利馬

唐姆叫他的小狗鐵姆乞食，
牠馬上直立的坐著，
兩隻琥珀色眼睛忠誠的注視著，
牠的屁股坐在墊子上。

唐姆平穩的放一塊糖，
在牠的鼻子上，

「看好啊！」他說，
鐵姆像衛兵直立著；
一動也不動的。
「很好，有獎！」唐姆說；
濕濕的黑鼻子立刻翹起來，
牙齒猛咔喳咔喳的咀嚼，
掉下來的糖一下不見了！

教堂裡的羅伯

巴克漢

在五月的星期日早晨，
一個有陽光，美麗又寧靜的日子，
整個村子裡的老老幼幼，
成群結隊的到教堂去，
當教堂的鐘聲響起的時候。
窗子開著，微風徐徐，

吹過座位上的聖詩書；
就連在籠裡的小鳥唱的歌，
也像教堂裡的歌聲那樣優美。

然而就在牧師做祈禱的時候，
有人敲門。
「會是誰，奇怪！」
灰髮蒼蒼的僕人想，
他豎耳傾聽敲門的聲音。

咯—咯，咯—咯，好大的聲音，
坐在後面座位的男孩子全都轉回看，
「那是什麼意思？」因為以前
從沒有人來敲這老教堂的門。

又敲了，聲音仍然很大，
牧師停止了祈禱（因為他已低下頭），
咯—咯！沒有人這樣敲過門！
女孩子們又叫又笑的，
教堂的僕人踏上嘰嘰嘎嘎響的地板，
拿開門栓，把門打開。

一隻大黑狗很快的走進來，
大黑狗像隻大熊，很嚴肅的走進來，
在中間的走道上，牠劈哩啪啦的走著，
大家都注視這件小小的事。

牠一直走到一位小女孩的旁邊，
小女孩好像驚嚇的紅著臉躲開去，
牠坐下來，好像是說：
「對不起，今天我遲到了，
但是你知道，遲到總比不來好些，
而且呀，我大概等了一個小時，
都不得其門而入，
一直到我用尾巴打地板；
而現在，小姐，我要坐在這兒，
聽聽牧師到底在說些什麼。」

可憐的小女孩摀著臉哭起來了！
但是大黑狗卻蹲在她身旁，
很溫馴的舐她，
真不知道事情會成怎麼樣！
狗那麼大（僕人那麼小），
而牠卻坐在那兒靜聽，一直到禮拜結束。
牠看來好像跟其他人一樣聰明，
高貴，和有學問。
當牧師做完禮拜，
把手放在可愛的小孩頭上，
他改變了責備的口吻說：
「除了你和羅伯，
我不知道還有更好的聽眾。」

老歌新唱

你記得在小時候學過的兒歌嗎？你現在已長大了，也許不再需要兒歌，但你一定知道不少關於兒歌的有趣的事情。下面這段詩你大概會有印象吧！

瑪莉有一隻小羊，
牠的毛，雪般潔白；
瑪莉走到那裏，
牠就跟到那裏。

現在把第二行改變一下，最後一行做少許的改變：

瑪莉有一隻小羊，
她用薄荷滷烤羊肉吃，

瑪莉走到那裏，
小羊當然也跟到那裏了。

如果一首大家所熟悉的詩都像這種的改變它，其結果就會變成一首遊戲詩了。而這一段正是第一段改寫的遊戲詩。現在就依你所熟悉的兒歌去改成遊戲詩（任何兒歌都可以），下面選的一些兒歌，說不定你可以用它來改寫：

吱咯哩，嘀咯哩，嗒咯
小老鼠跑到時鐘上，
時鐘敲一響，
小老鼠趕快跑下來，
吱咯哩，嘀咯哩，嗒咯。

小苗菲
坐在鐘擺上，
吃著凝乳，

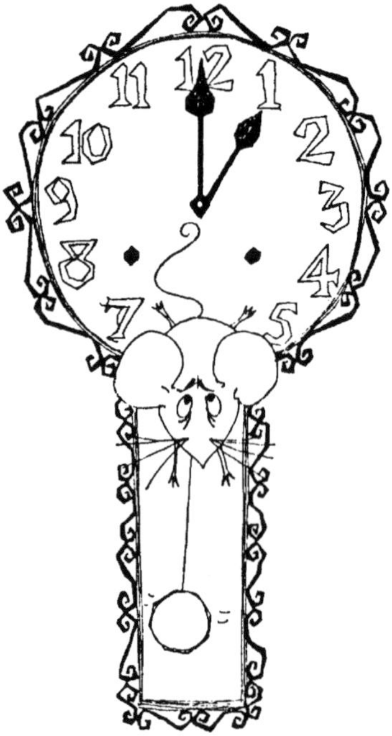

來了一隻大蜘蛛，
坐在她身邊，
便把苗菲嚇走了。

傑克能吃而不胖，
他的太太能吃而不瘦，
而在他們倆之間，你看
他們把一大盤東西全吃光。

小傑克
坐在角落裡，
吃著耶誕酥餅；
他用姆指
挑出一粒葡萄乾
說：「我是一個多麼聰明的孩子啊！」

爲詩配畫

聽聽這首詩，然後看看這幅一月份的圖畫。

月份

克利齊

一月帶來了飄雪，
凍得我們的手腳發紅。
二月帶來了雨，
溶化了冰凍的湖泊。
三月帶來微風徐徐，
吹動了跳舞的水仙。
四月帶來了櫻草甜，

腳邊滿地雛菊。
五月帶來了群群美麗的小羊，
牠們柔白的身體到處跳躍。
六月帶來了鬱金香，百合，
玫瑰花，孩子們滿手花香。
炎熱的七月帶來了清涼的陣雨，
草梅和紫羅蘭花。
八月帶來了一捆捆的玉蜀黍，
於是穀倉盈滿。
溫暖的九月帶來了水菓，
獵人開始去狩獵。
清新的十月帶來了野雞，
然後快樂的收穫堅果。
陰晦的十一月帶來了霉氣，
接著樹葉紛紛掉落。

寒冷的十二月帶來了雨雪，

熊熊的火，聖誕的歡樂。

你可以為每一個月份畫一幅圖畫。這首詩中每個月有二行詩句，可以給你一些參考。如果你喜歡的話，一月份你還是可以畫的，只是不可以和書本上畫家所畫的一樣才行。

顏色

當我們想到一種顏色的時候，常常會聯想到某些東西的顏色。這就是詩人寫這首詩的原因了。

顏色

羅塞蒂

粉紅色是什麼顏色？開在噴泉邊上的
玫瑰是粉紅色的。
紅色是什麼顏色？在麥田裏的
罌粟花是紅色的。
藍色是什麼顏色？雲兒飄過的
天空是藍色的。
白色是什麼顏色？悠遊於波光裏的

天鵝是白色的。
黃色是什麼顏色？成熟香甜又多汁的
梨子是黃色的。
綠色是什麼顏色？開著小花的田野間的
小草是綠色的。
紫色是什麼顏色？夏天黃昏裏的
雲彩是紫色的。
橙色是什麼顏色，一個橘子，為什麼——
就只是一個橘子呀！

在這首詩裏，當你想到任何一種顏色時，你是否也可以想到一些東西？如果想不出來，那你能想到那些東西呢？想想一些詩中沒有的顏色吧，再想想，能想出一些什麼東西。

選一首詩

聽聽正在朗誦的這二首詩，然後決定你喜歡那一首。
用心去學習，而且要練習朗誦，直到你覺得你的表演很滿意為止。

一片花林

史帝文斯

我來到一片花林，
獨自一個人；
在那兒留連了幾個小時；
我盡情的歡樂，
在這一片花林！

青翠的草
在大地上；
葉子
在樹上；
風啊
那麼快樂的
沙沙作響
而我
盡情的
歡樂，
在這一片花林！

勿忘我

佚名

當上帝給美麗的花

取名字的時候，
後面來了一朵小小的藍色花
（羞怯怯的走來），
站在上帝的腳邊，
仰望著上帝的臉，
用很低微而又顫抖的聲音
羞怯謙和的說：
「敬愛的上帝啊！你給我取的名字
我忘記了。」
慈祥的上帝低頭看看他
然後說：「勿忘我。」